Este libro pertenece a:

....

Caligrafía
para niños para niños

**¡GRACIAS POR OBTENER NUESTRO LIBRO!
SI ENCUENTRA ESTE LIBRO DIVERTIDO Y ÚTIL, ESTAREMOS
MUY AGRADECIDOS SI PUBLICÓ UNA BREVE RESEÑA EN
AMAZON. SU APOYO MARCA LA DIFERENCIA.**

1
Uno

1 1 1 1 1 1 1 1 1

1 1 1 1 1 1 1 1 1

1 1 1 1 1 1 1 1 1

1 1 1 1 1 1 1 1 1

1 1 1 1 1 1 1 1 1

1 1 1 1 1 1 1 1 1

1 1 1 1 1 1 1 1 1

1 1 1 1 1 1 1 1 1

1 1 1 1 1 1 1 1 1

1 1 1 1 1 1 1 1 1

1 1 1 1 1 1 1 1 1

1 1 1 1 1 1 1 1 1

1 1 1 1 1 1 1 1 1

1 1 1 1 1 1 1 1 1

2
Dos

2 2 2 2 2 2 2 2 2

2 2 2 2 2 2 2 2 2

2 2 2 2 2 2 2 2 2

2 2 2 2 2 2 2 2 2

2 2 2 2 2 2 2 2 2

2 2 2 2 2 2 2 2 2

2 2 2 2 2 2 2 2 2

2 2 2 2 2 2 2 2 2

2 2 2 2 2 2 2 2 2

2 2 2 2 2 2 2 2 2

2 2 2 2 2 2 2 2 2

2 2 2 2 2 2 2 2 2

2 2 2 2 2 2 2 2 2

2 2 2 2 2 2 2 2 2

3
Tres

3 3 3 3 3 3 3 3 3

3 3 3 3 3 3 3 3 3

3 3 3 3 3 3 3 3 3

3 3 3 3 3 3 3 3 3

3 3 3 3 3 3 3 3 3

3 3 3 3 3 3 3 3 3

4
Cuatro

4 4 4 4 4 4 4 4 4

4 4 4 4 4 4 4 4 4

4 4 4 4 4 4 4 4 4

4 4 4 4 4 4 4 4 4

4 4 4 4 4 4 4 4 4

4 4 4 4 4 4 4 4 4

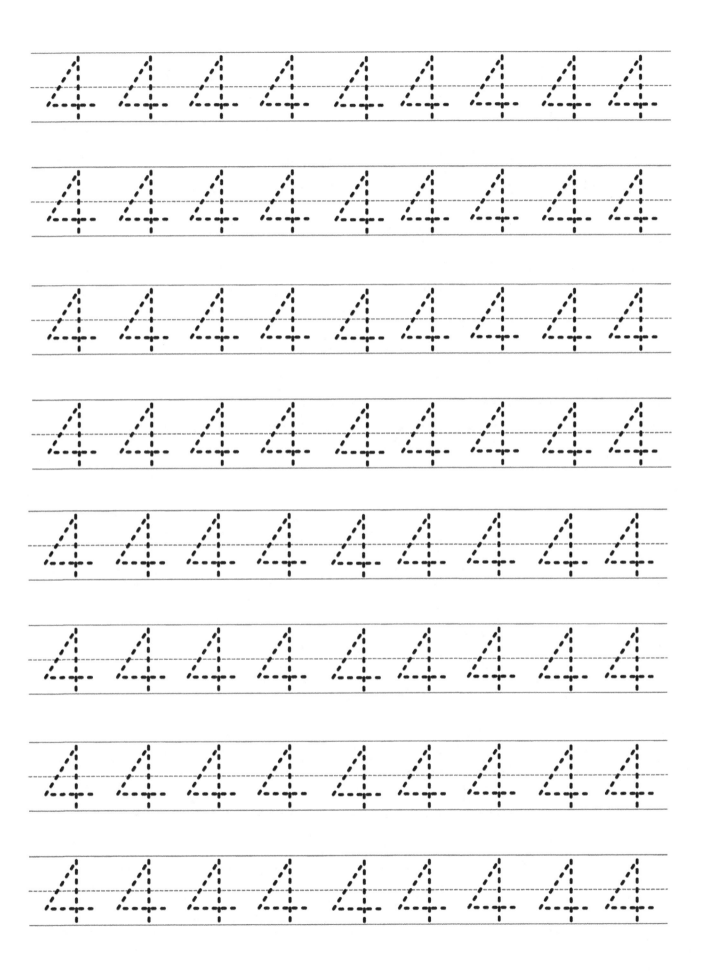

5
Cinco

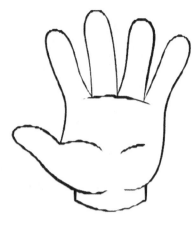

5 5 5 5 5 5 5 5 5

5 5 5 5 5 5 5 5 5

5 5 5 5 5 5 5 5 5

5 5 5 5 5 5 5 5 5

5 5 5 5 5 5 5 5 5

5 5 5 5 5 5 5 5 5

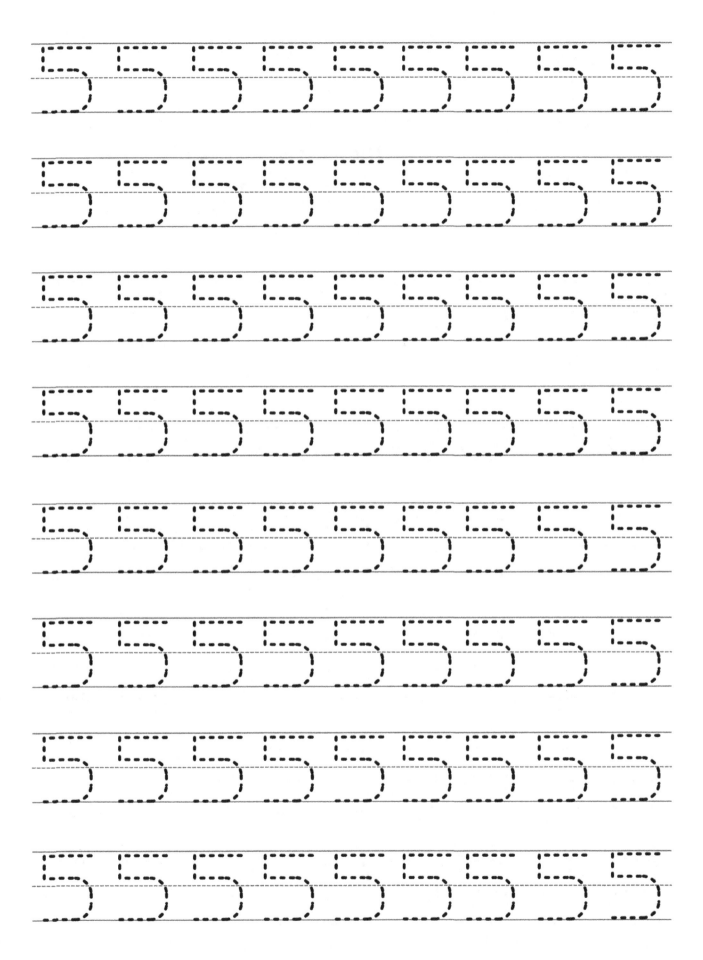

6
Seis

6 6 6 6 6 6 6 6 6 6

6 6 6 6 6 6 6 6 6 6

6 6 6 6 6 6 6 6 6 6

6 6 6 6 6 6 6 6 6 6

6 6 6 6 6 6 6 6 6 6

6 6 6 6 6 6 6 6 6 6

6 6 6 6 6 6 6 6 6

6 6 6 6 6 6 6 6 6

6 6 6 6 6 6 6 6 6

6 6 6 6 6 6 6 6 6

6 6 6 6 6 6 6 6 6

6 6 6 6 6 6 6 6 6

6 6 6 6 6 6 6 6 6

6 6 6 6 6 6 6 6 6

7
Siete

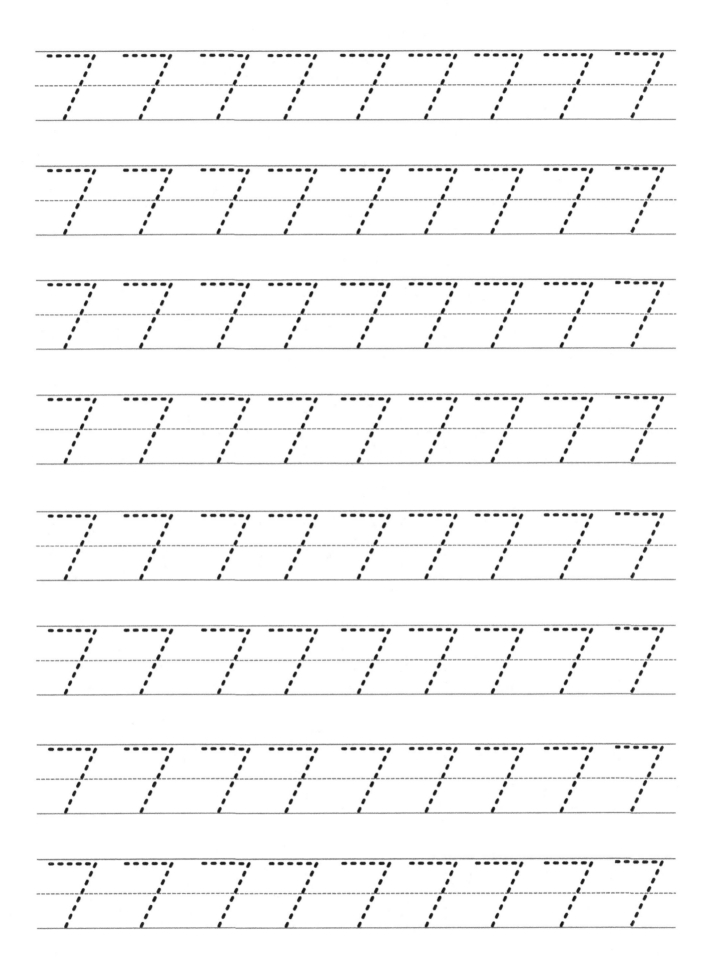

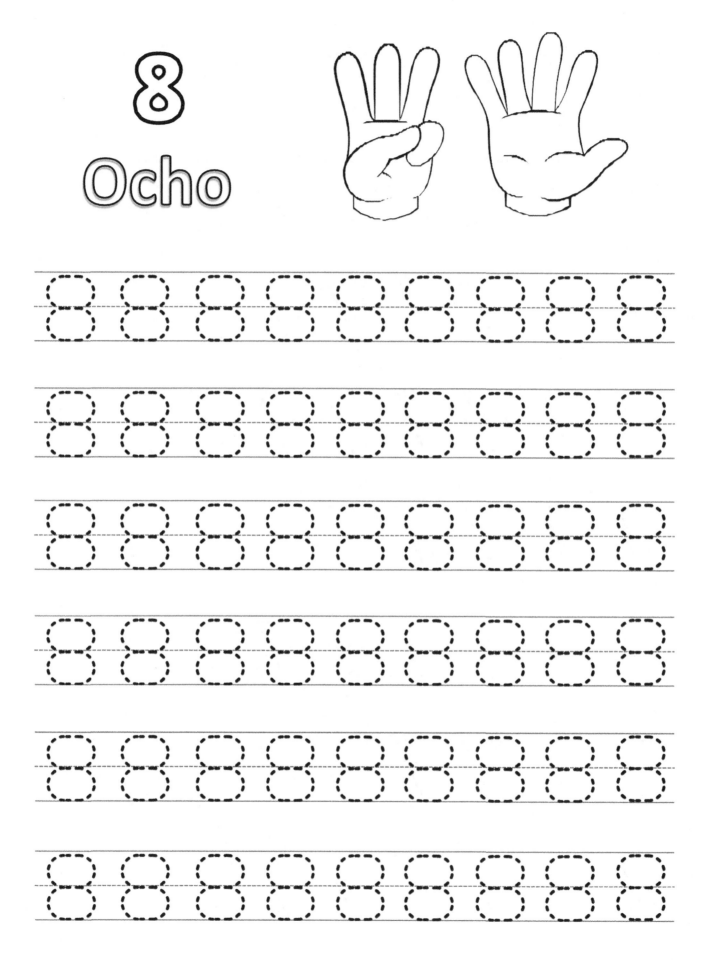

8 8 8 8 8 8 8 8 8

8 8 8 8 8 8 8 8 8

8 8 8 8 8 8 8 8 8

8 8 8 8 8 8 8 8 8

8 8 8 8 8 8 8 8 8

8 8 8 8 8 8 8 8 8

8 8 8 8 8 8 8 8 8

8 8 8 8 8 8 8 8 8

9
Nueve

9 9 9 9 9 9 9 9 9

9 9 9 9 9 9 9 9 9

9 9 9 9 9 9 9 9 9

9 9 9 9 9 9 9 9 9

9 9 9 9 9 9 9 9 9

9 9 9 9 9 9 9 9 9

q q q q q q q q q

q q q q q q q q q

q q q q q q q q q

q q q q q q q q q

q q q q q q q q q

q q q q q q q q q

q q q q q q q q q

q q q q q q q q q

10
diez

10 10 10 10 10

10 10 10 10 10

10 10 10 10 10

10 10 10 10 10

10 10 10 10 10

10 10 10 10 10

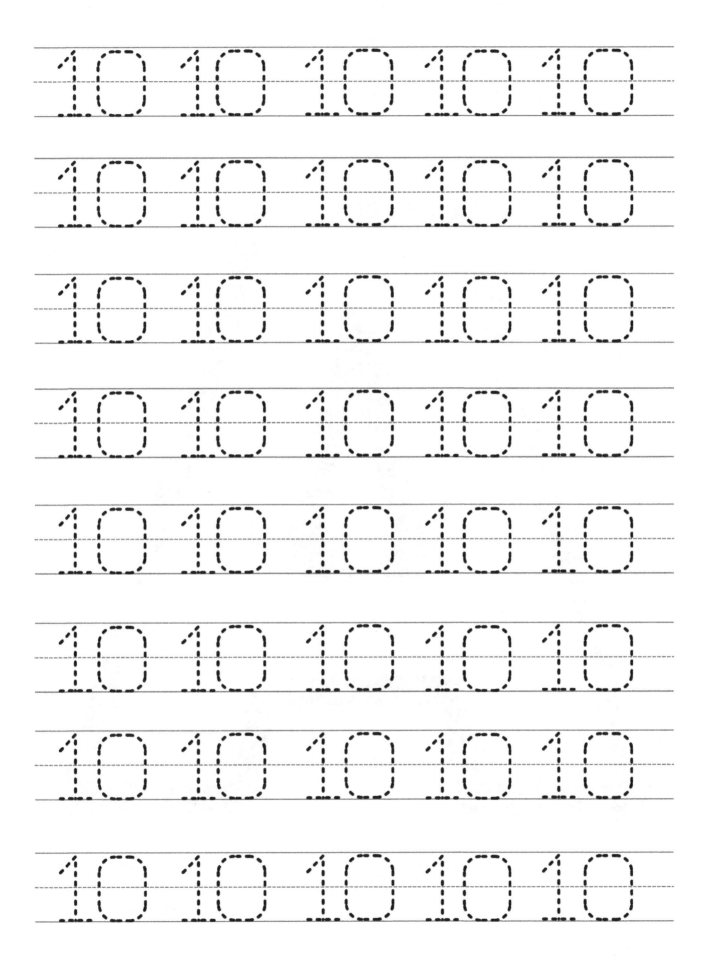

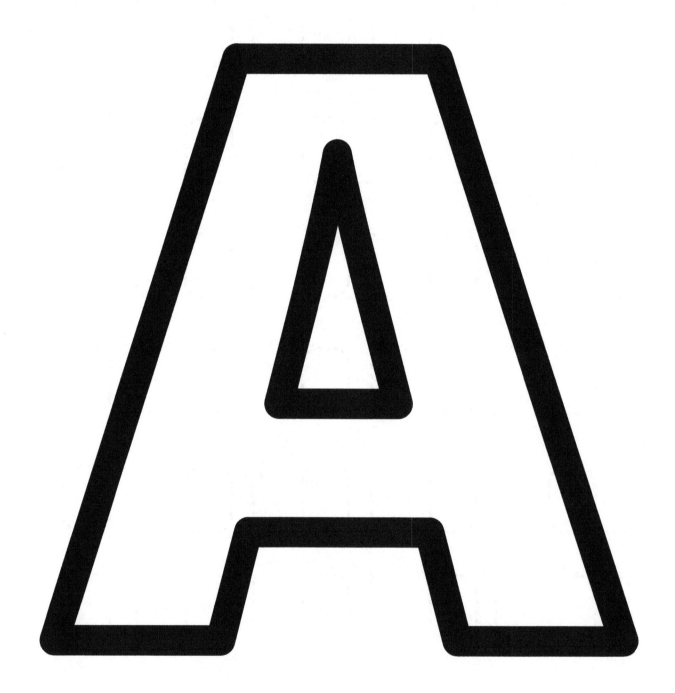

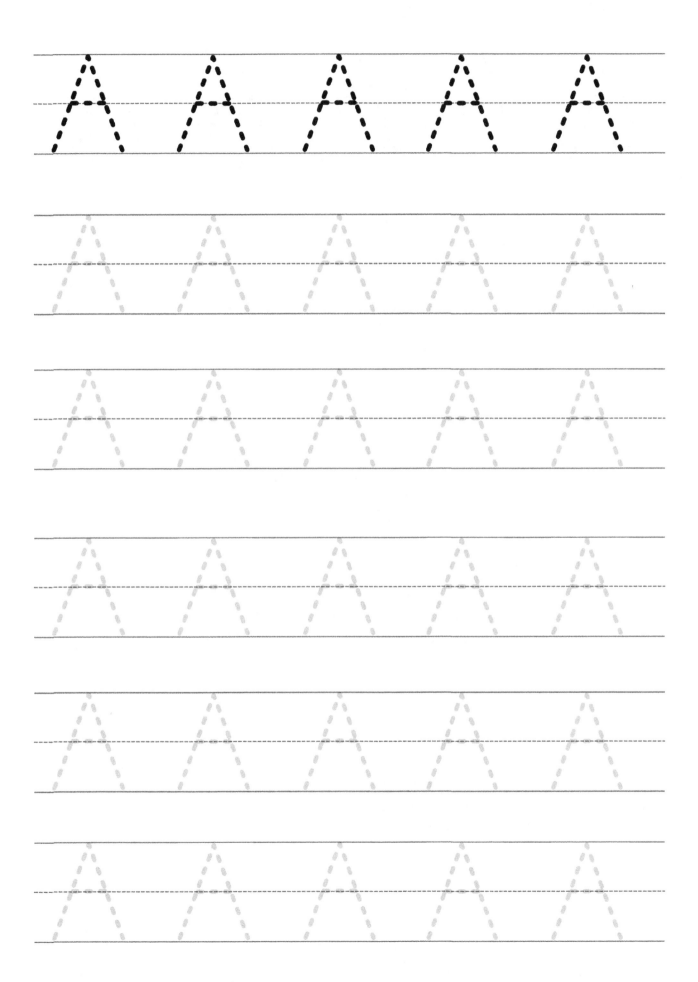

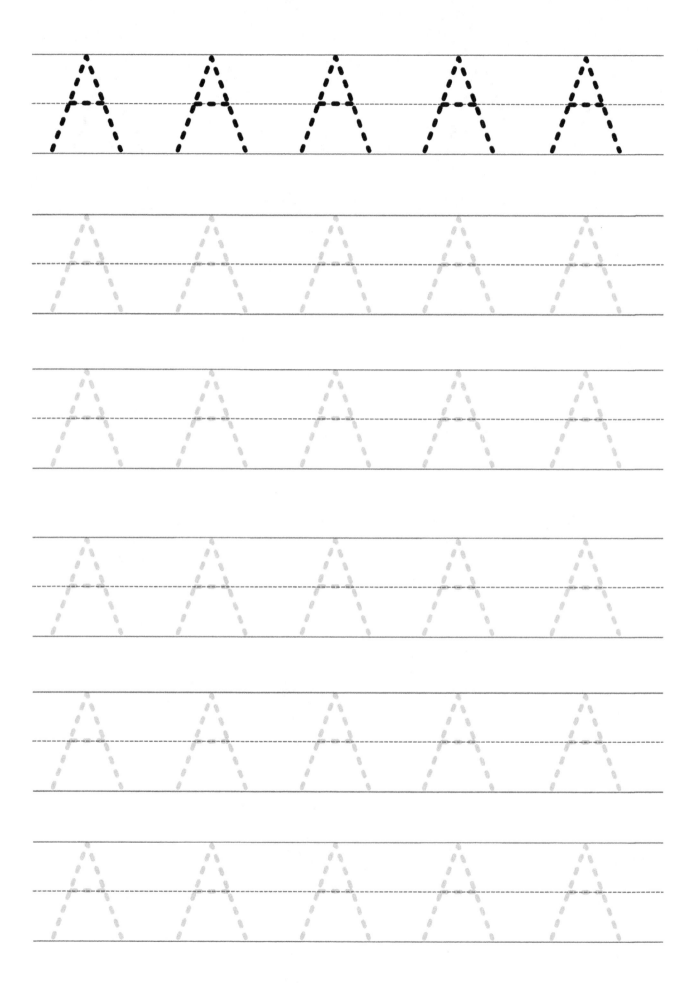

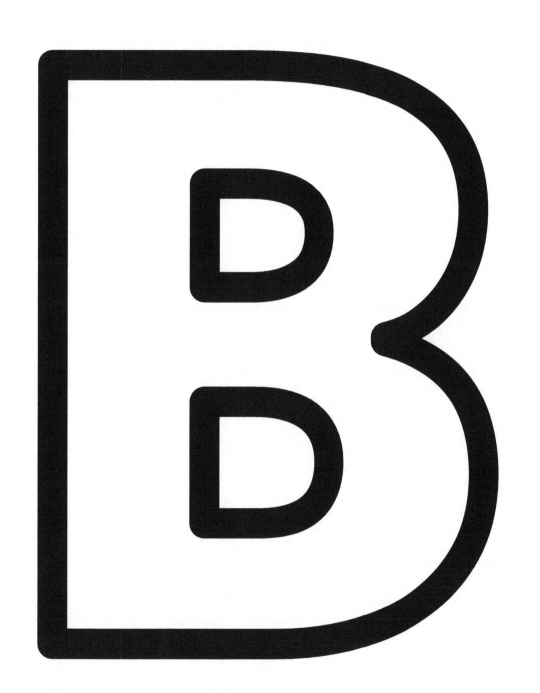

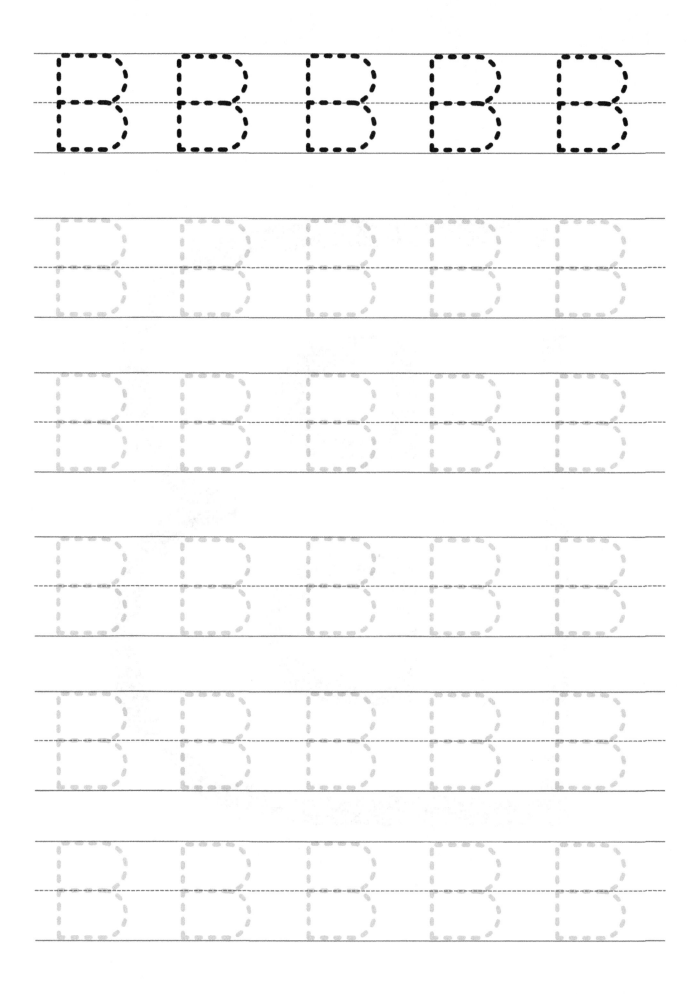

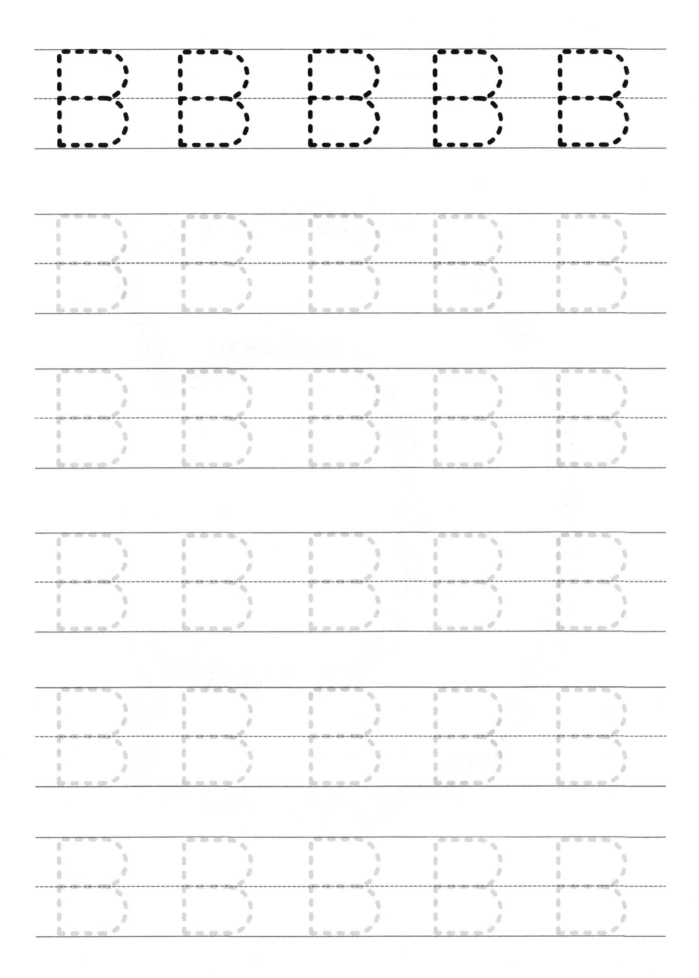

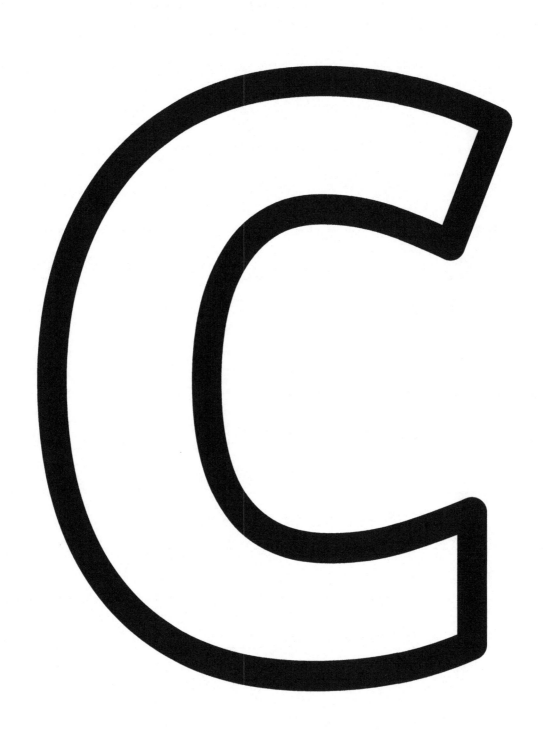

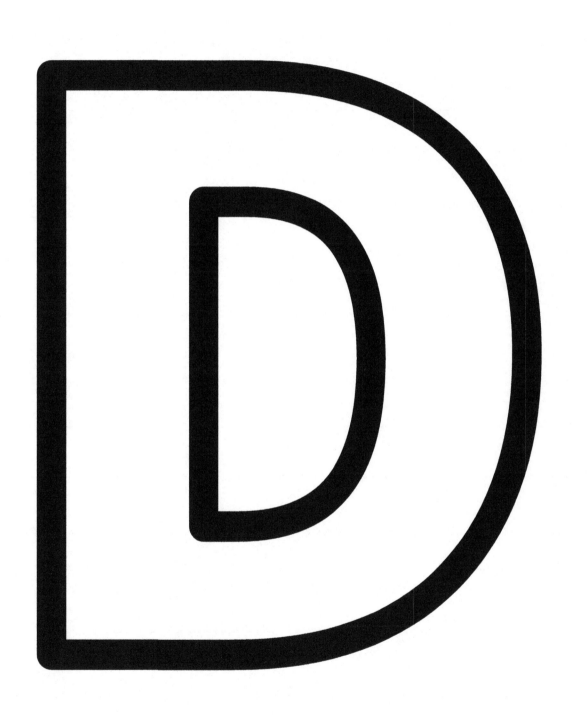

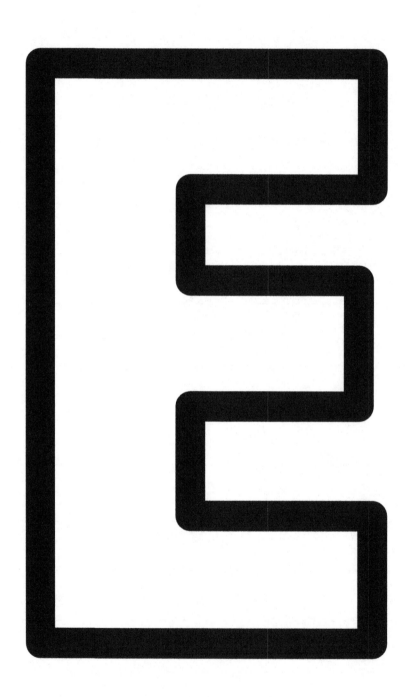

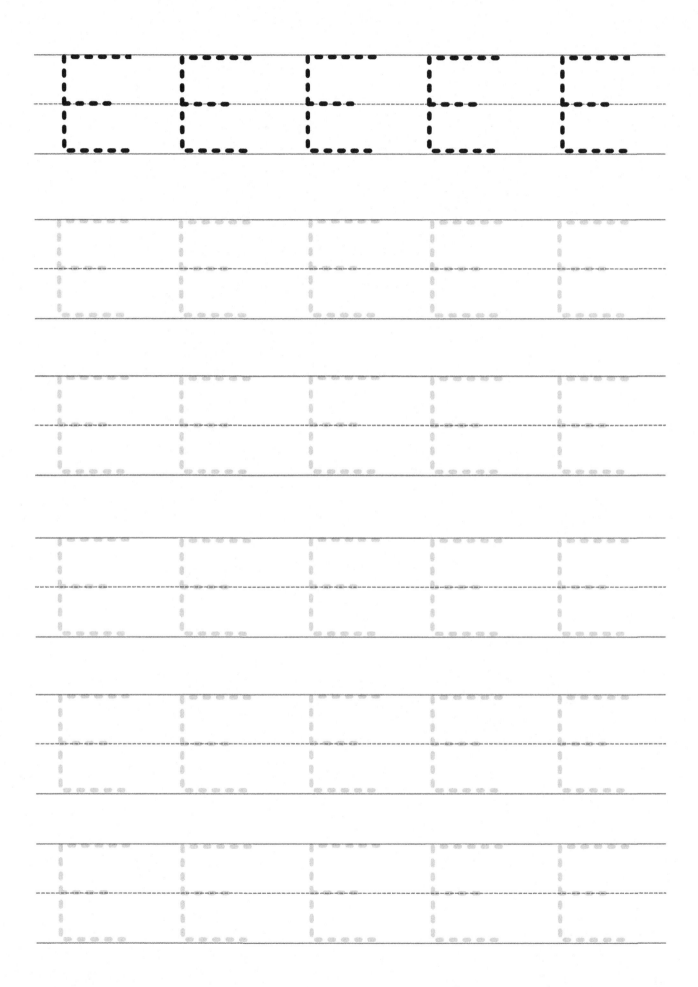

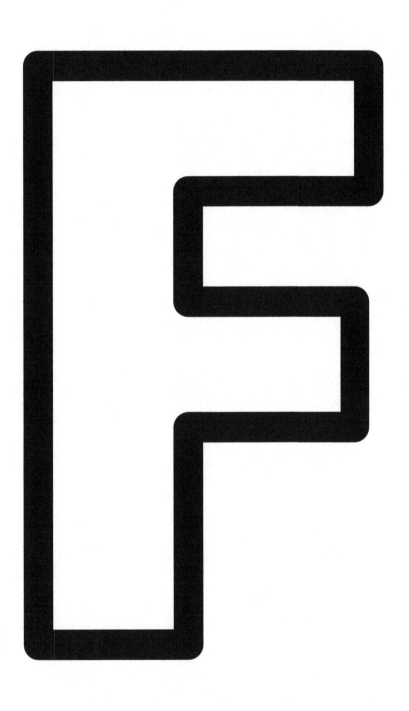

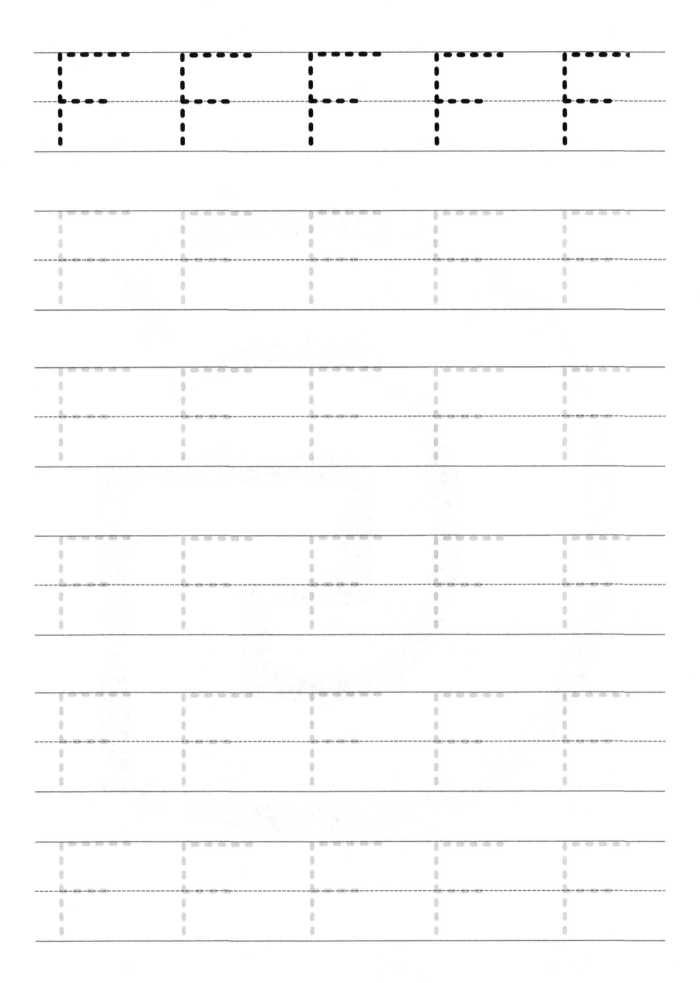

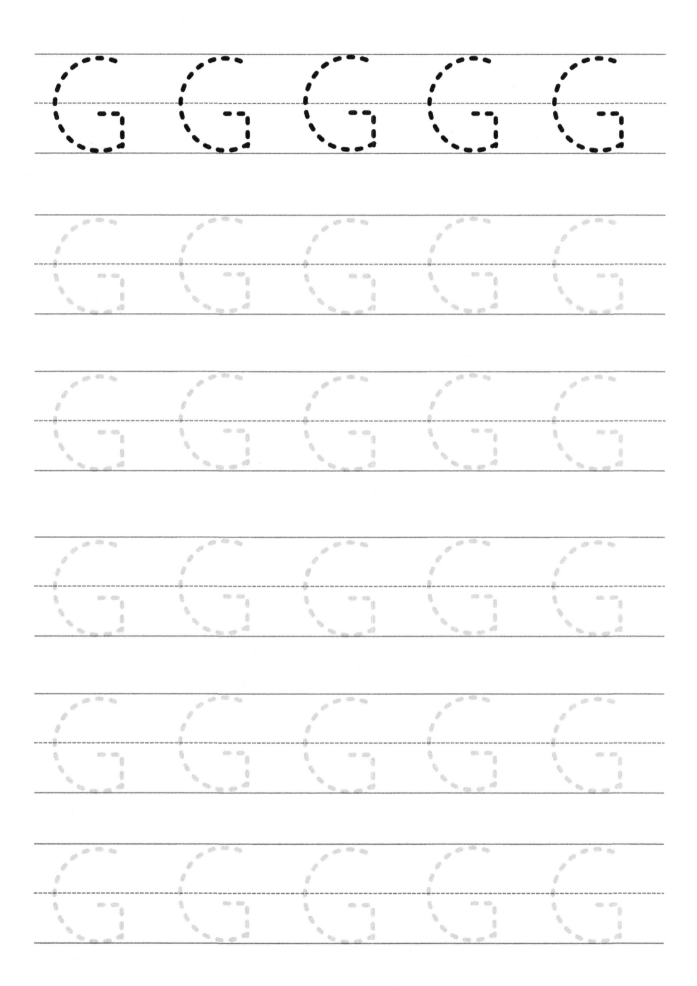

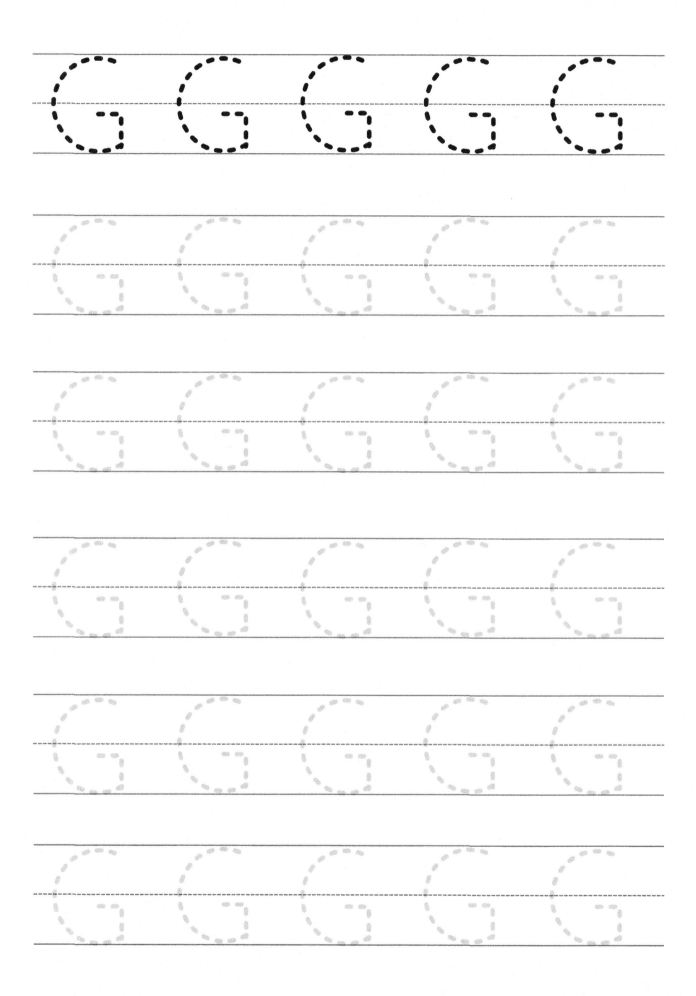

H

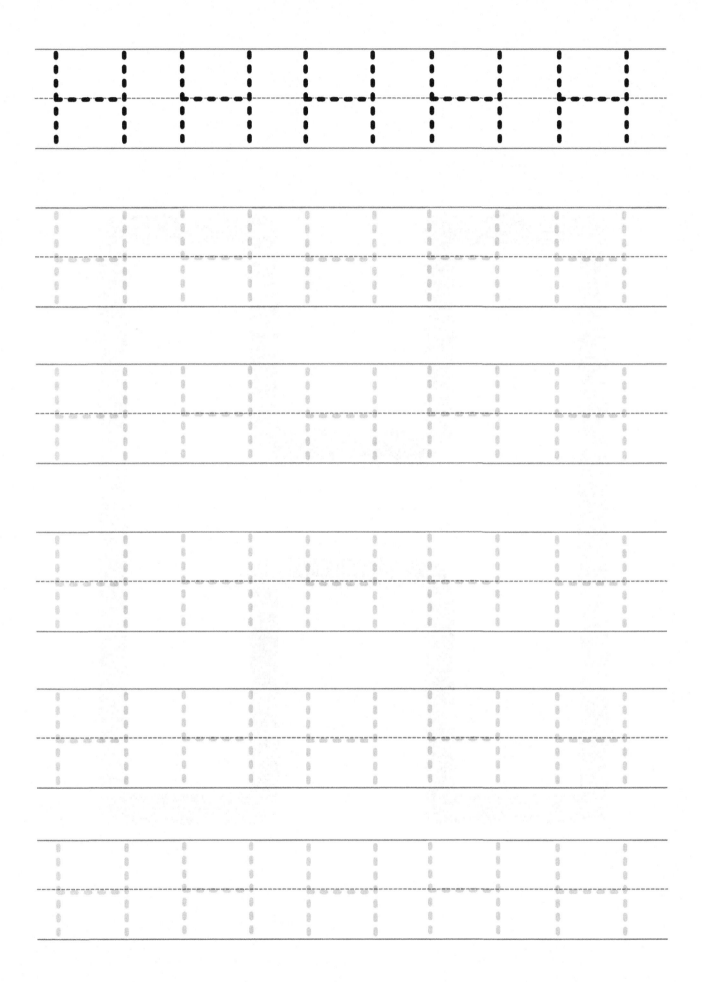

H H H H H H H H H H

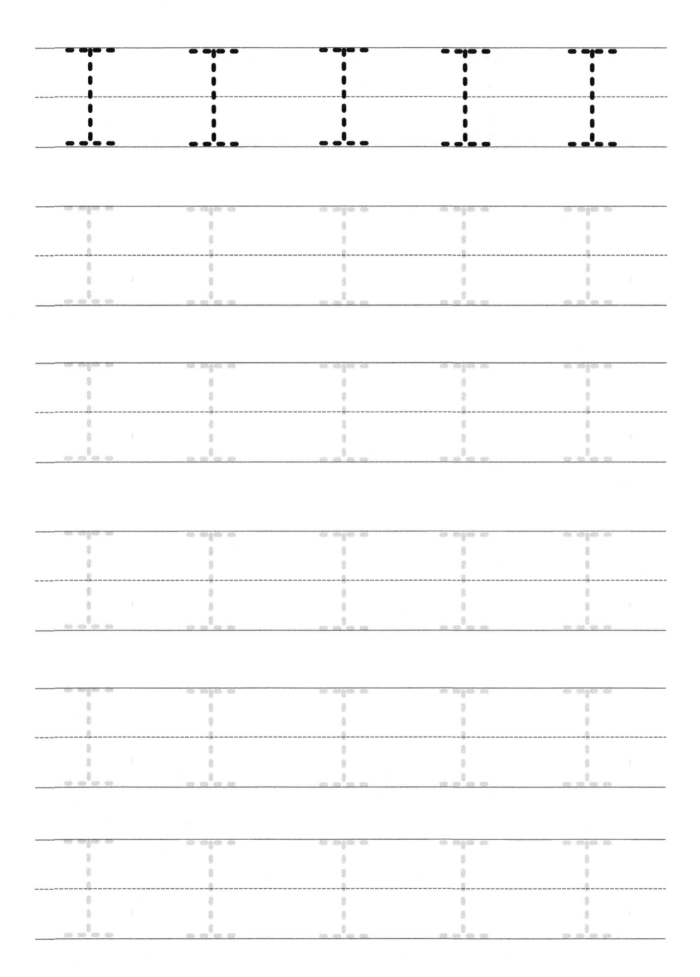

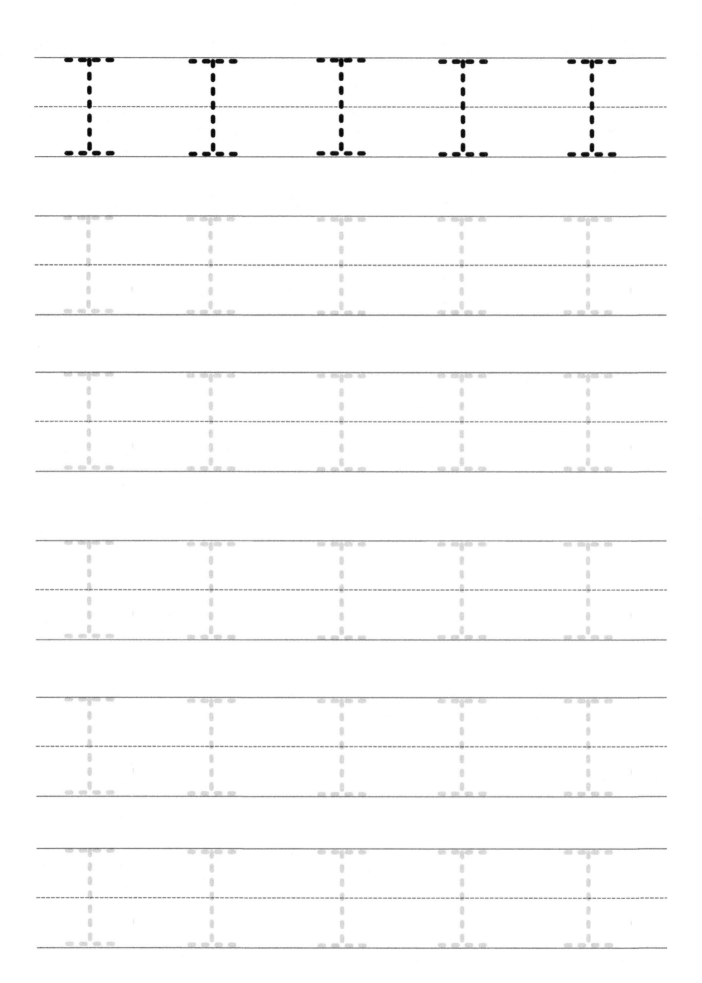

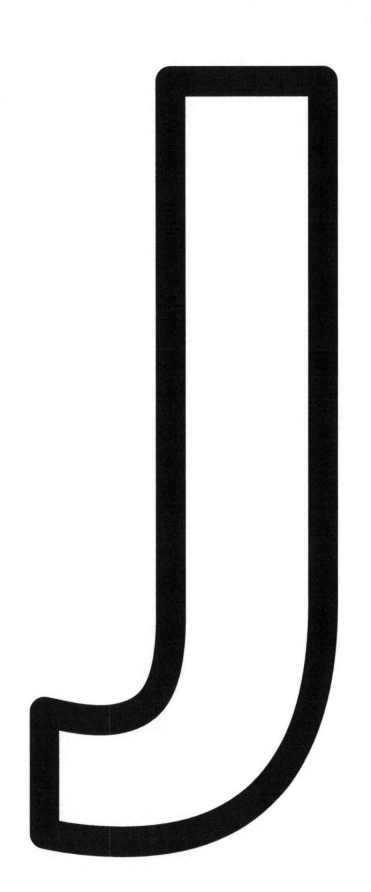

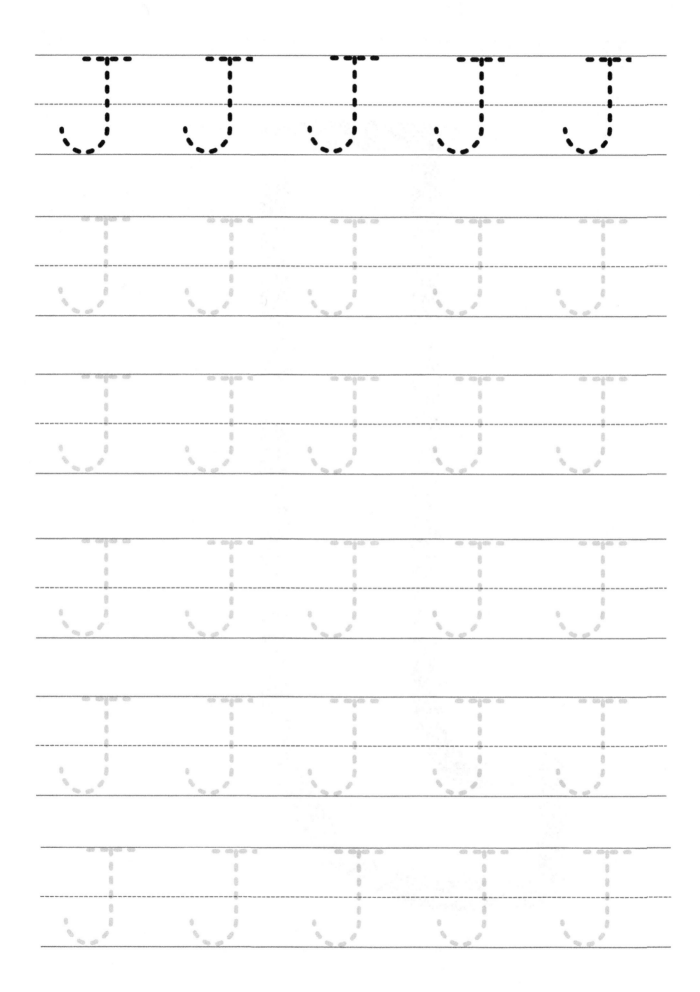

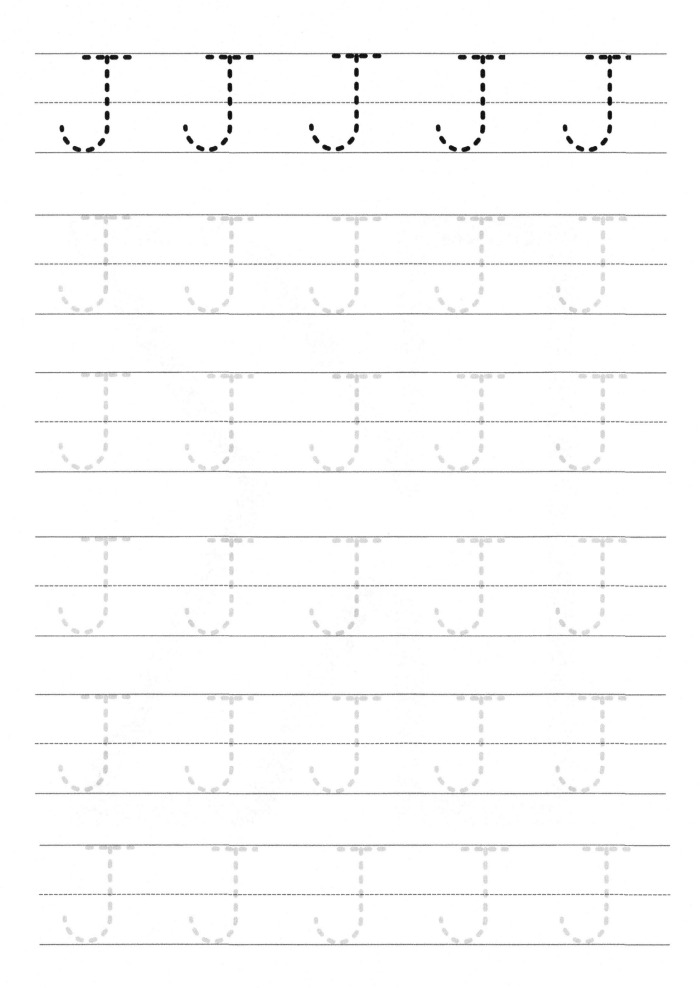

K

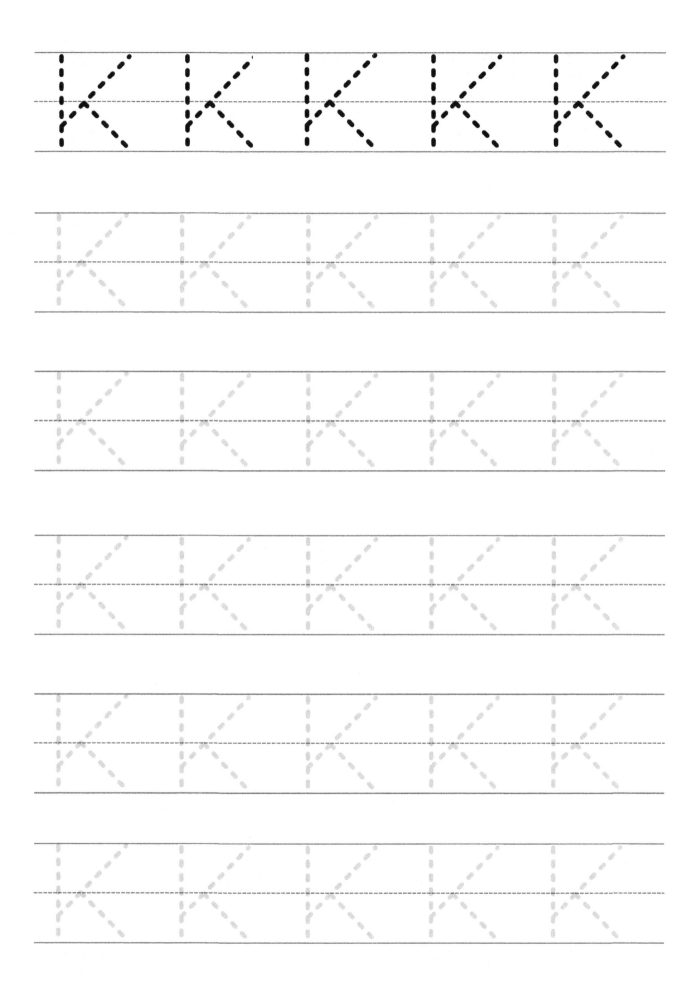

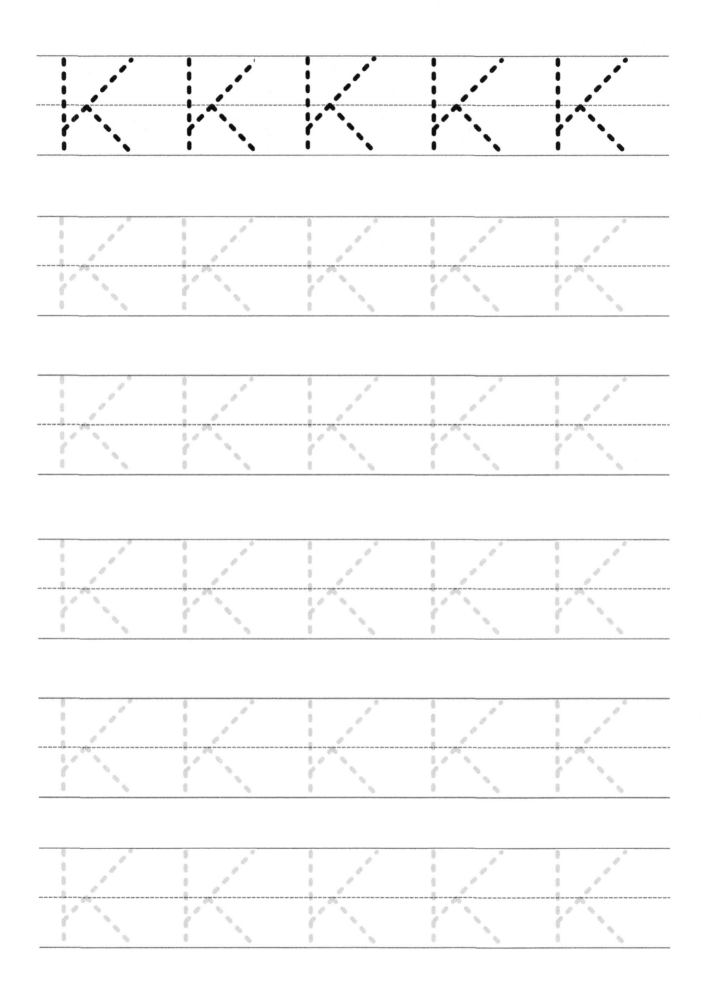

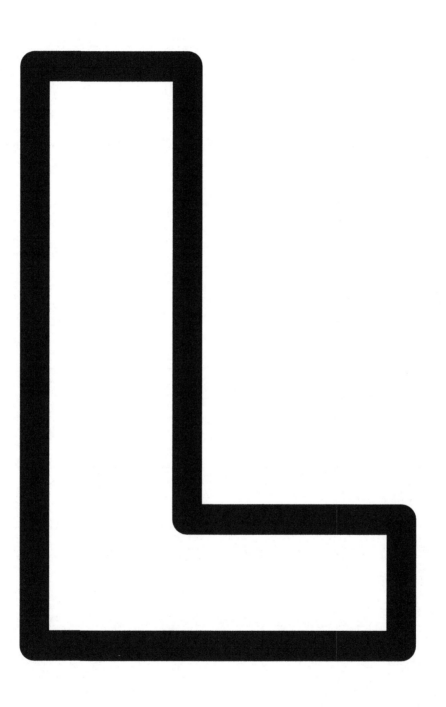

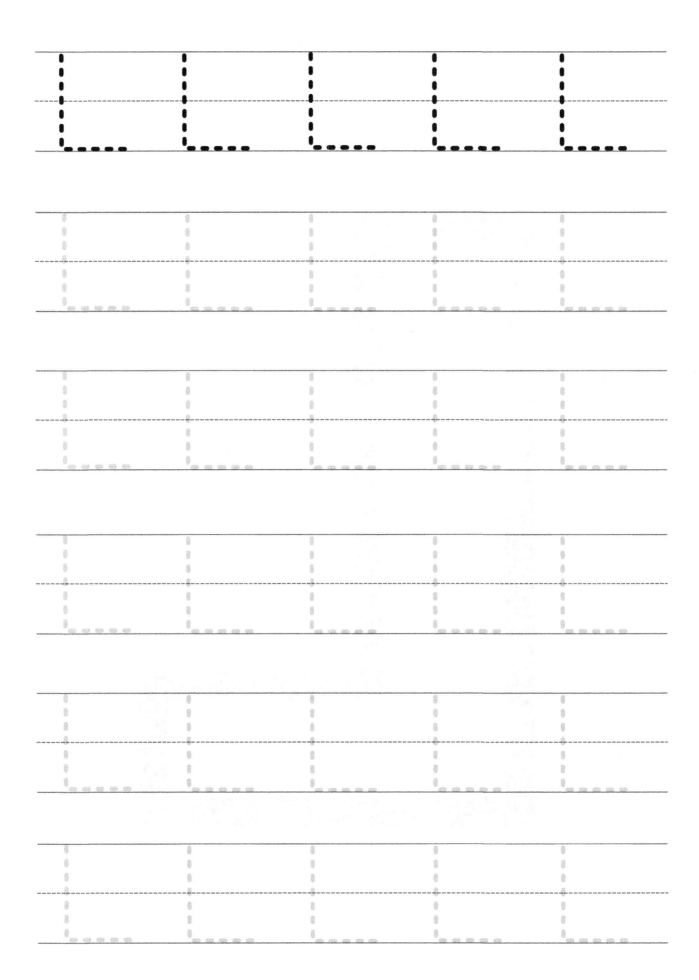

M

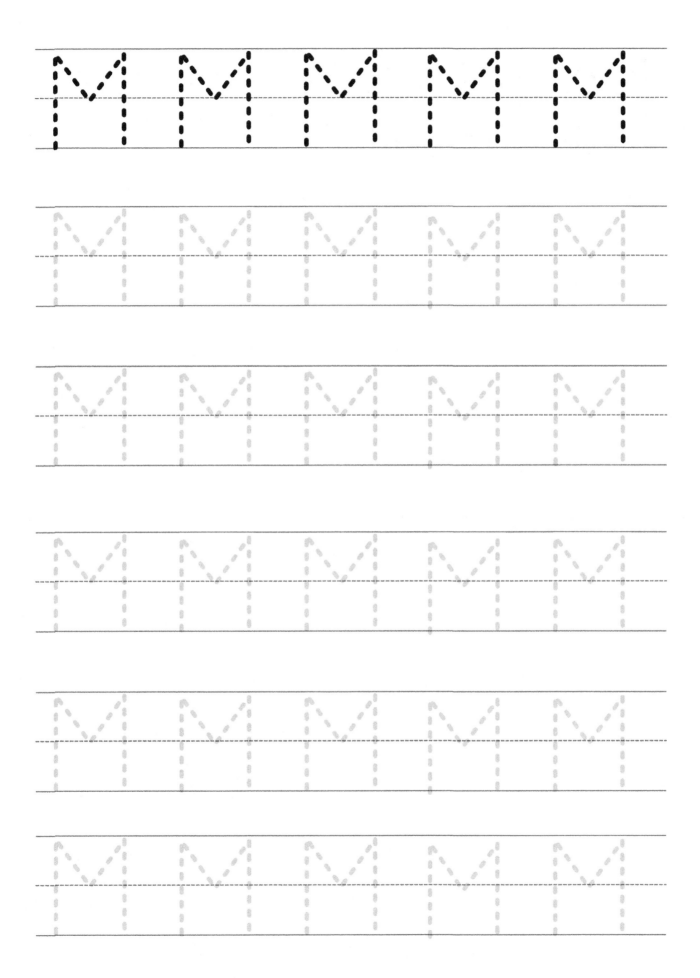

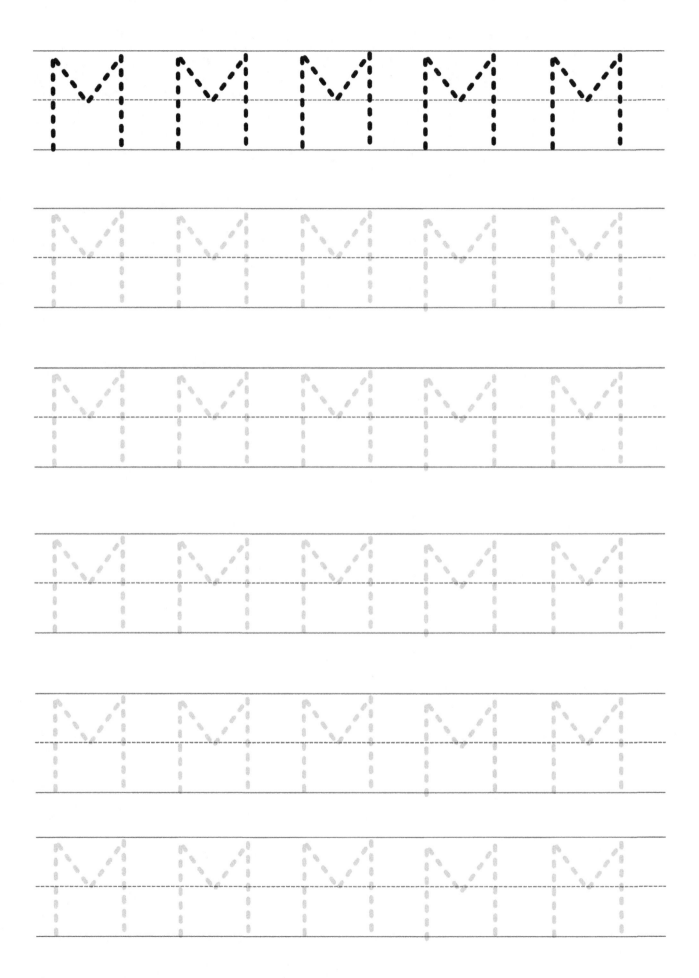

N

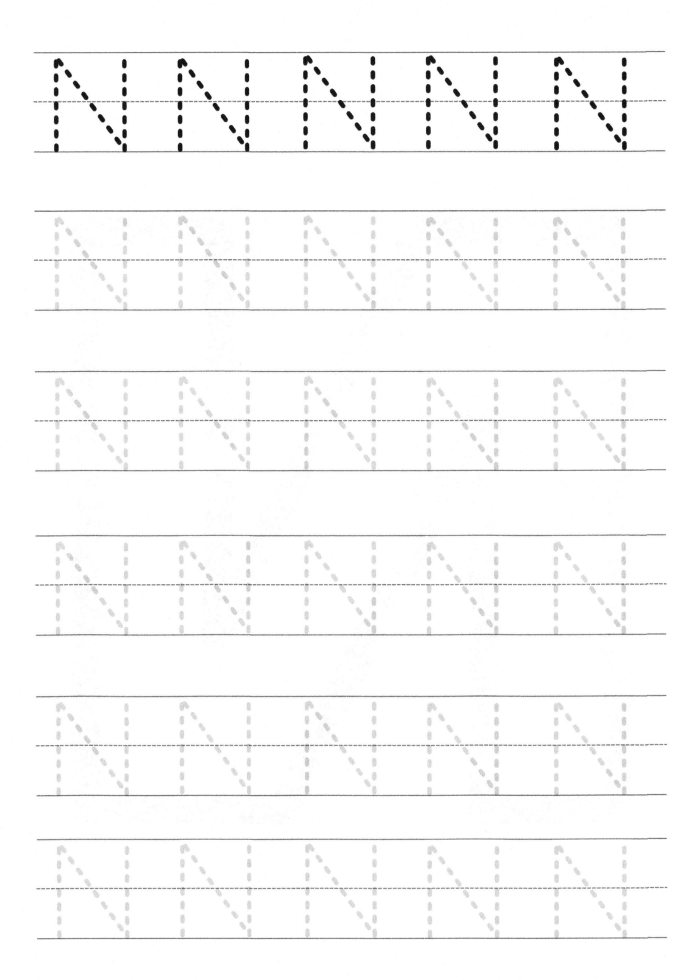

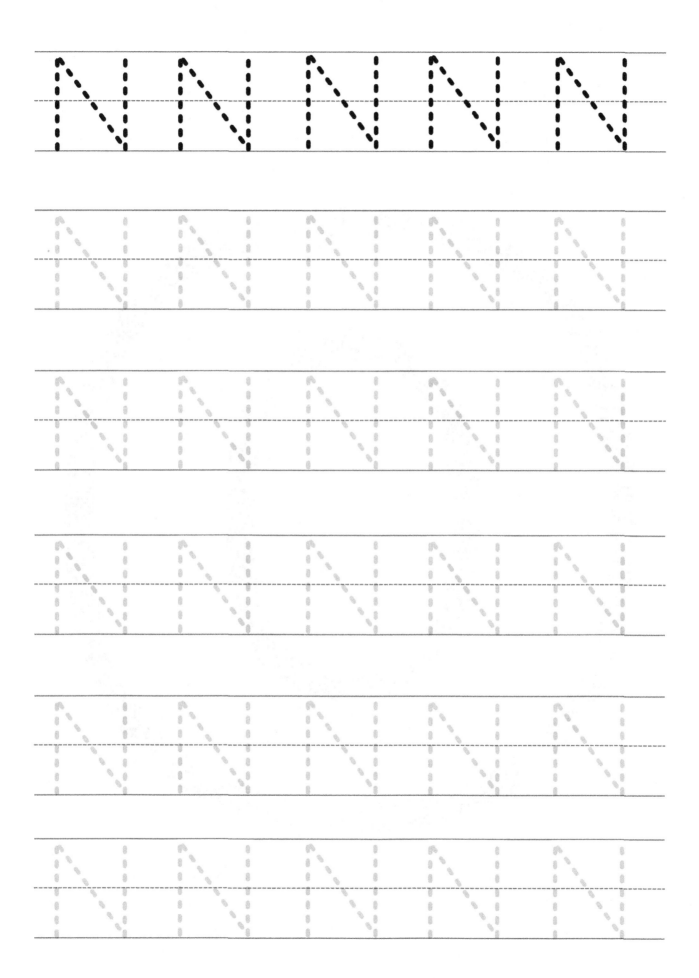

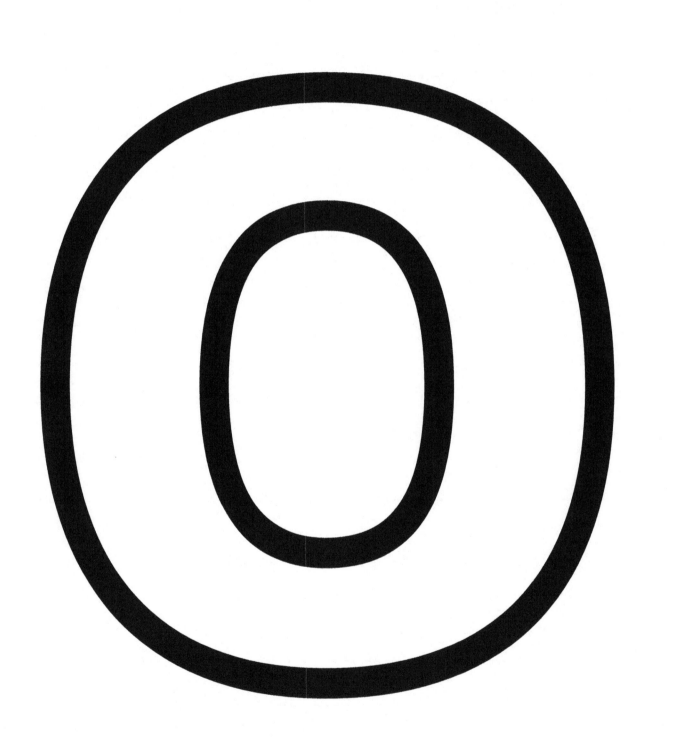

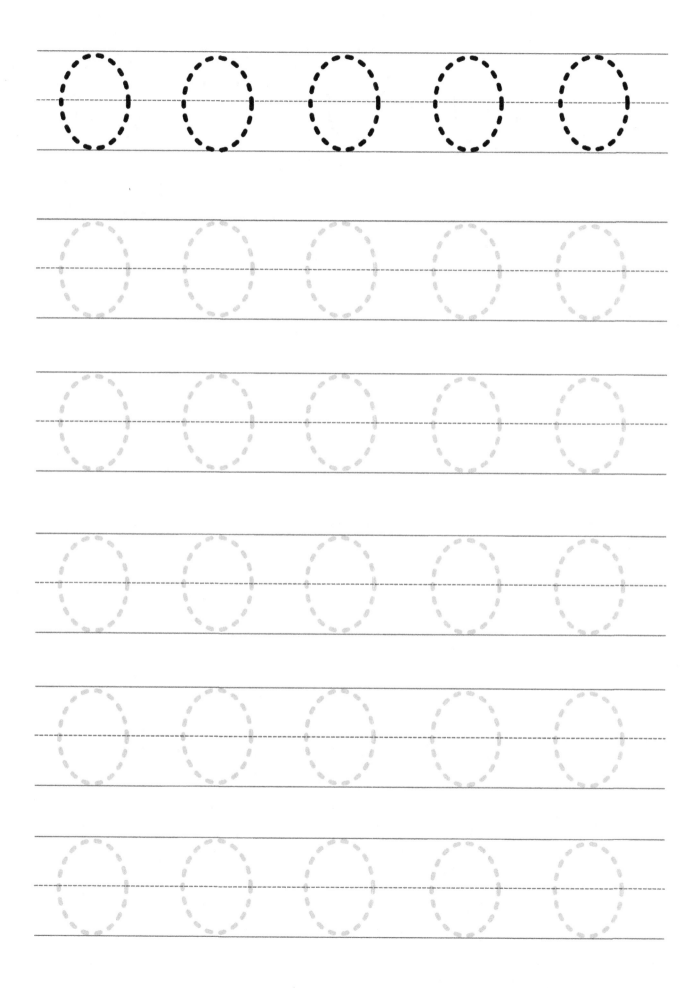

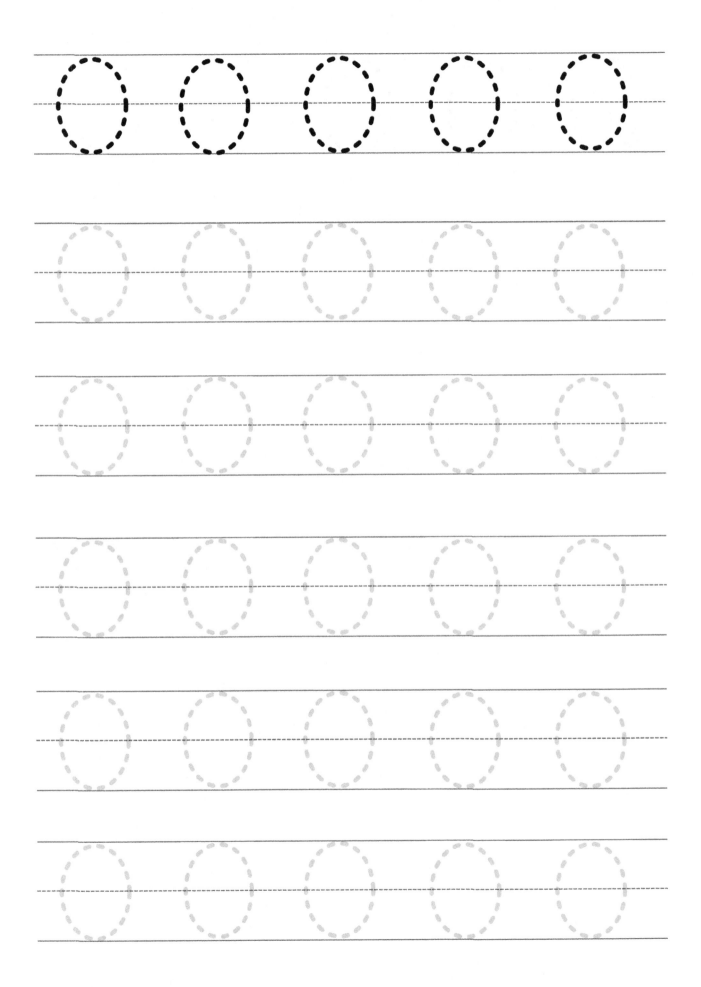

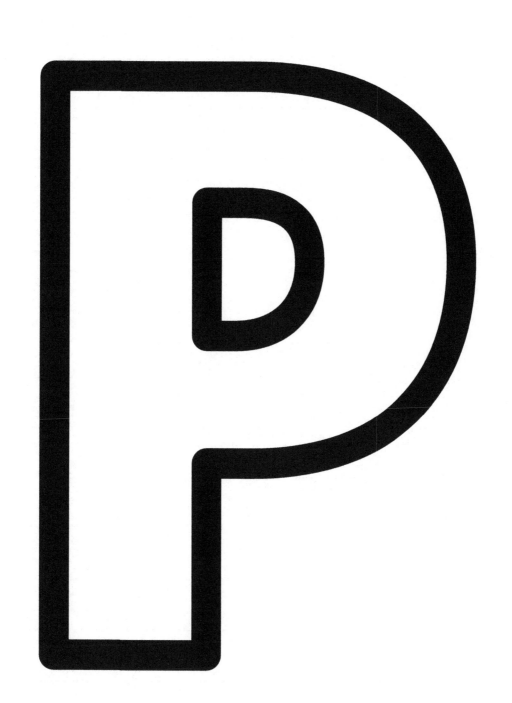

P P P P P

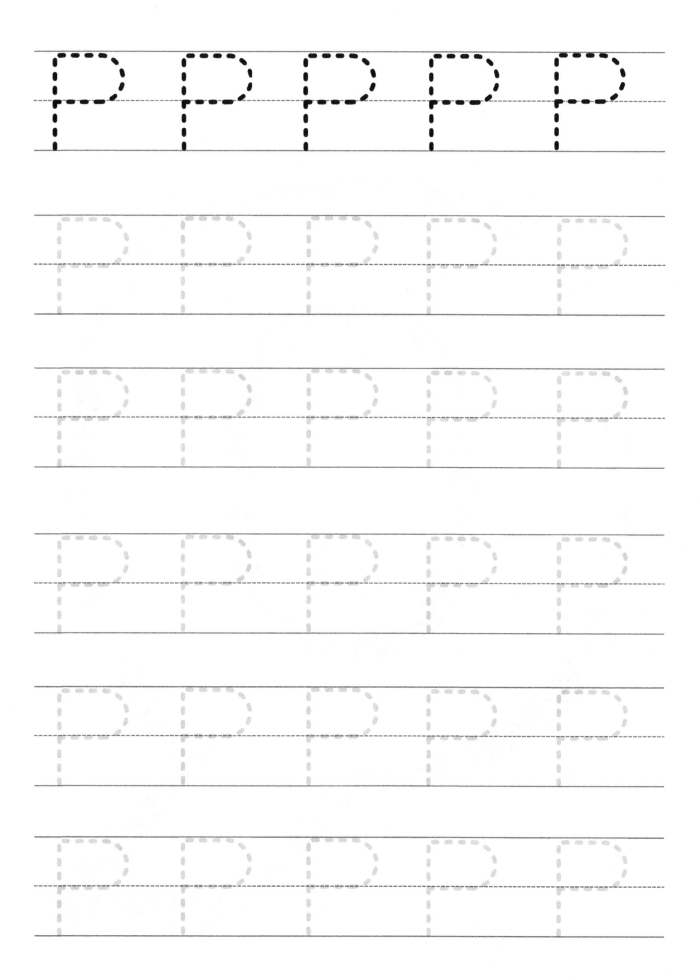

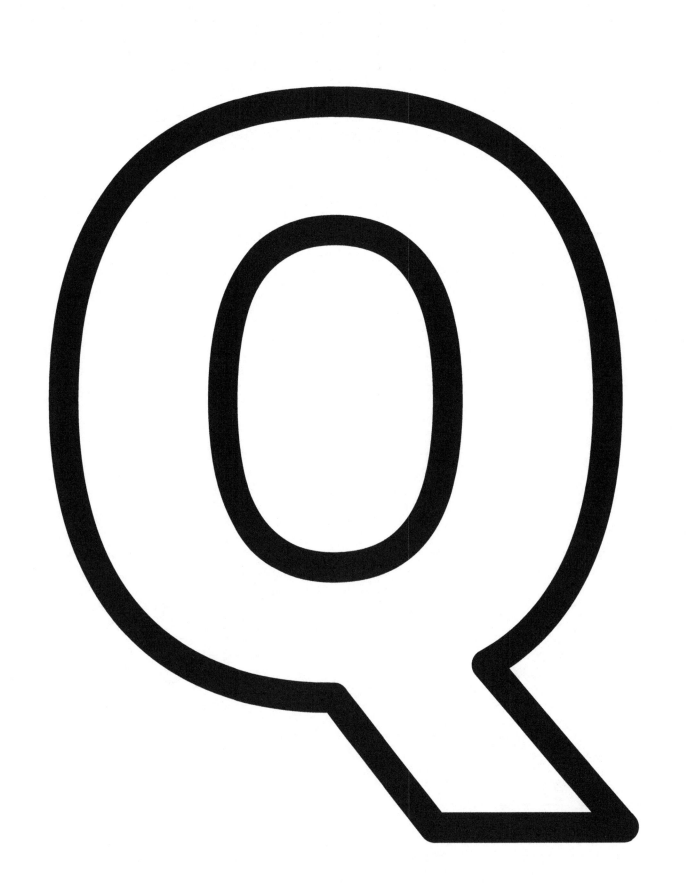

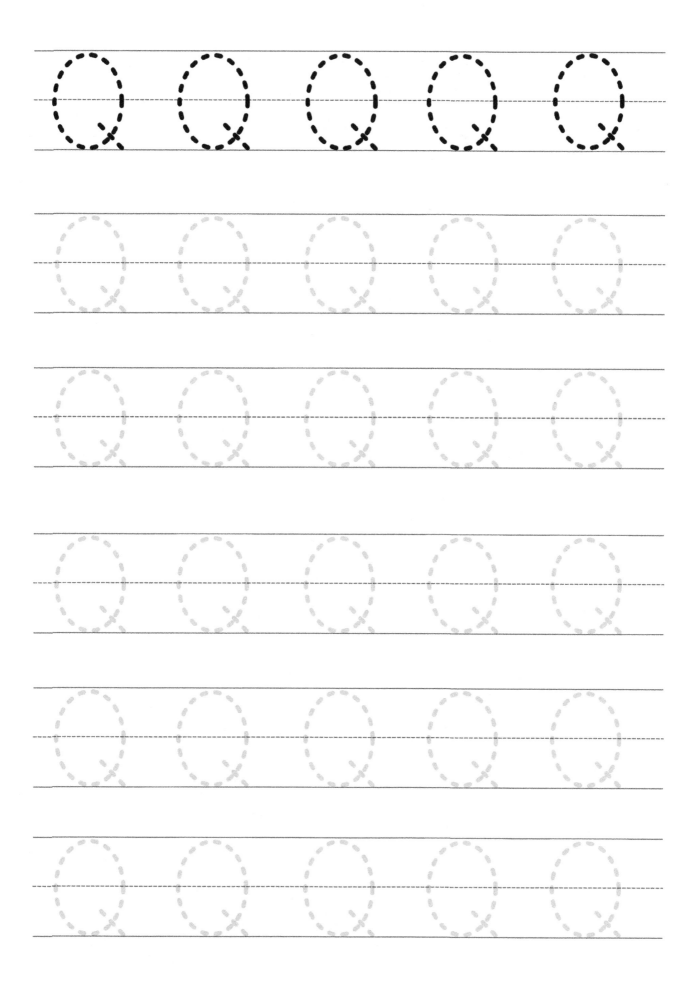

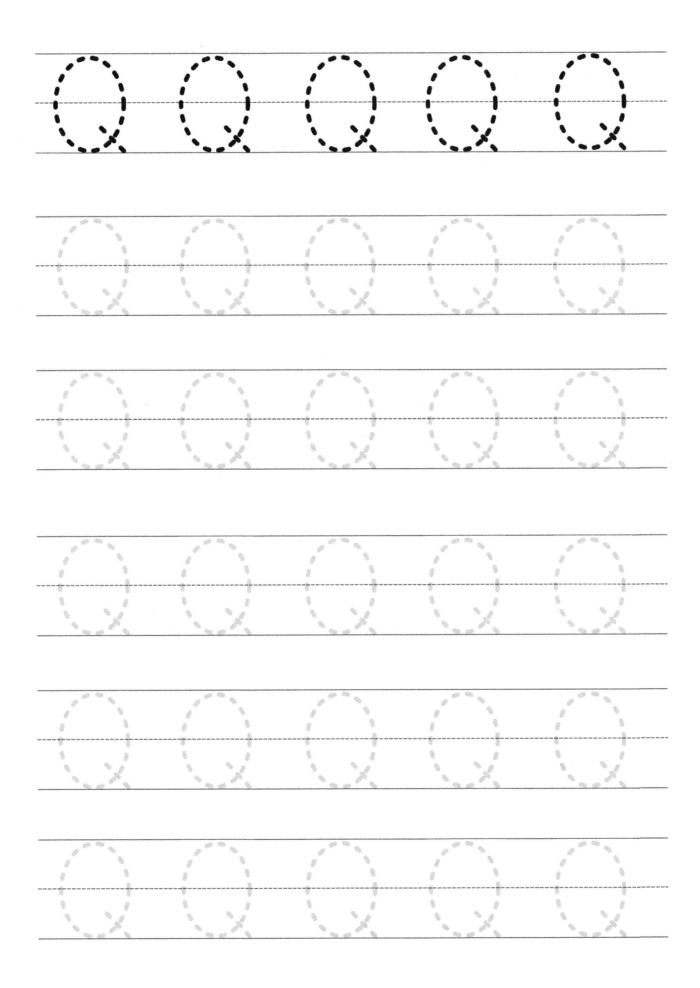

R

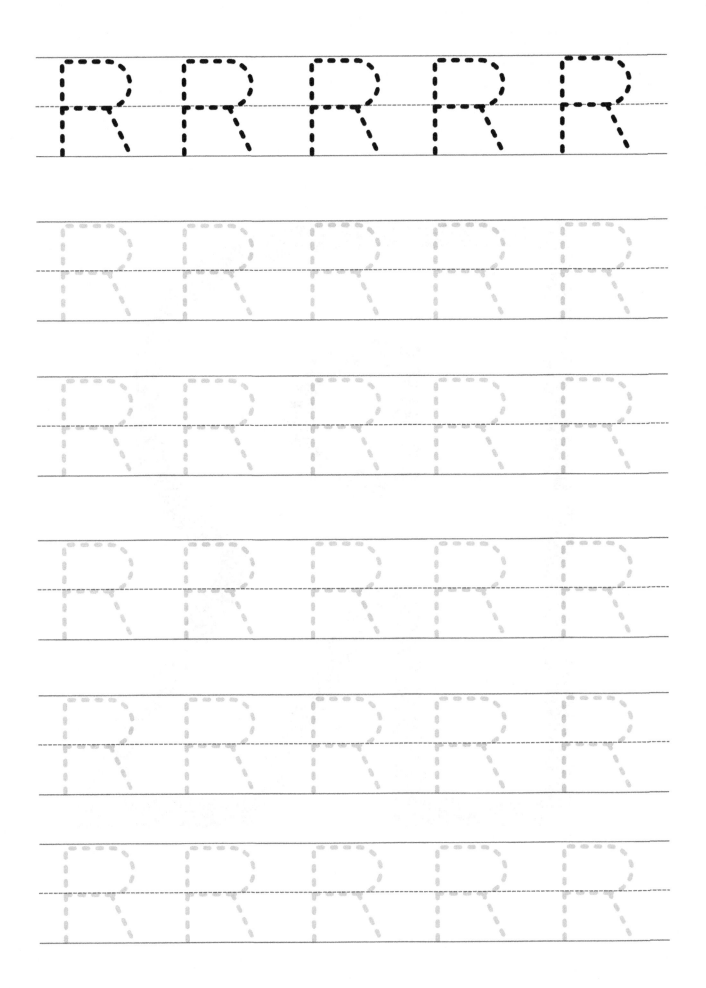

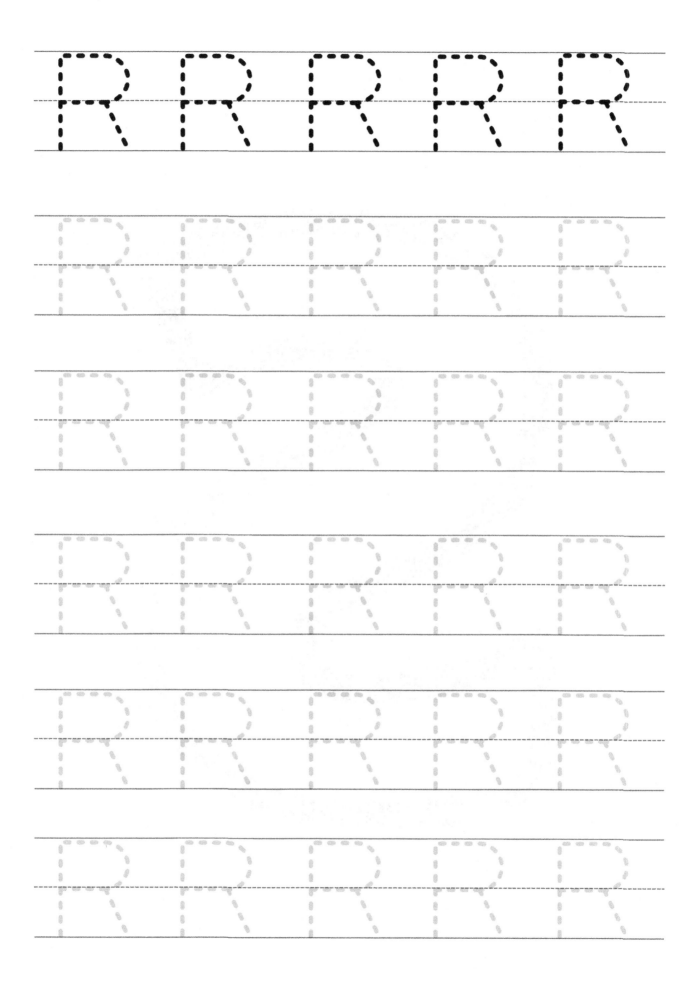

S

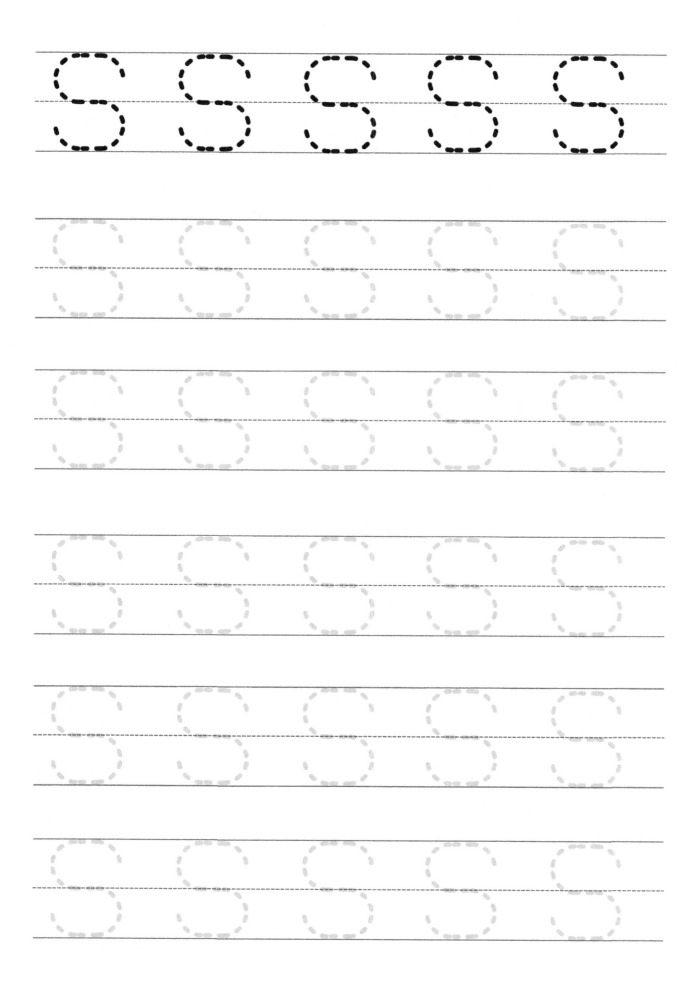

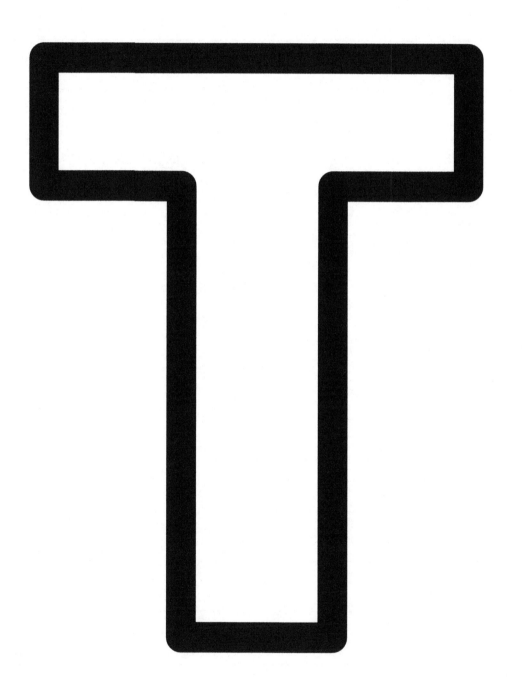

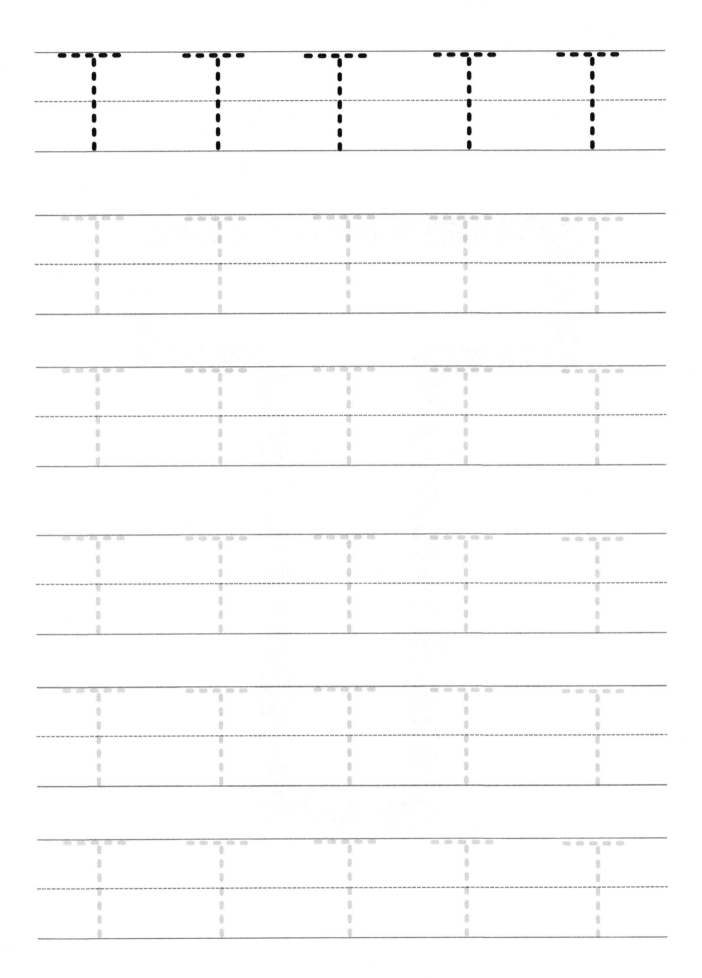

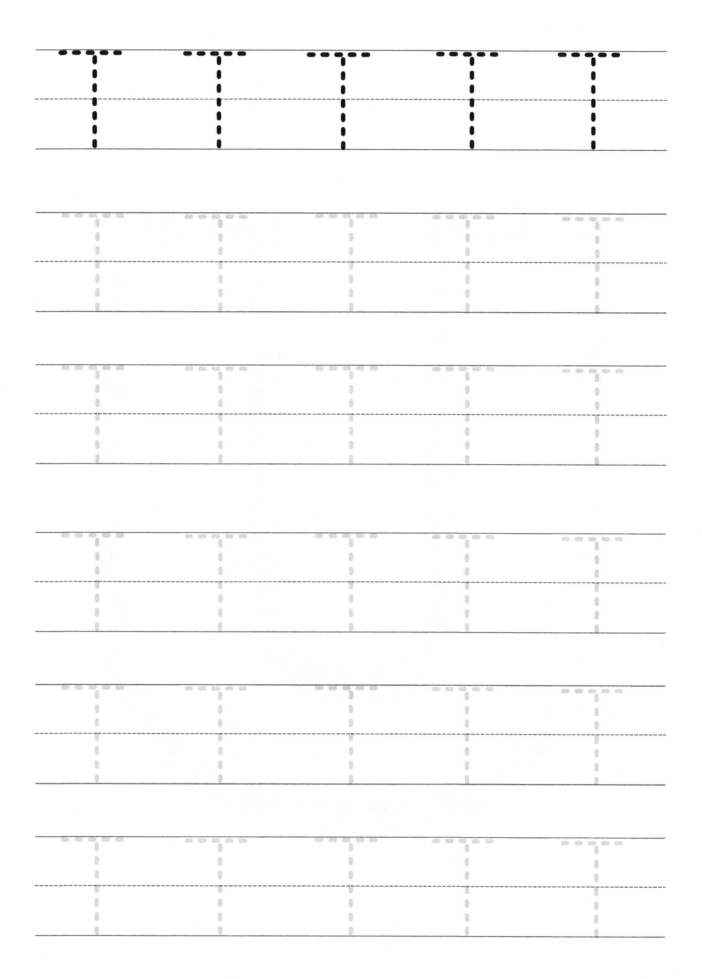

U

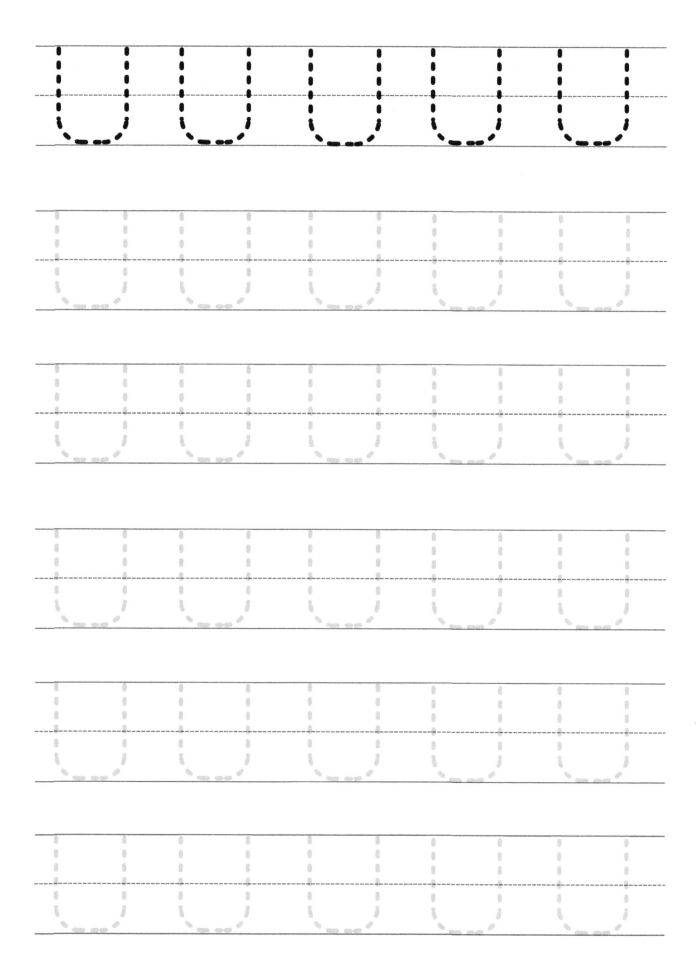

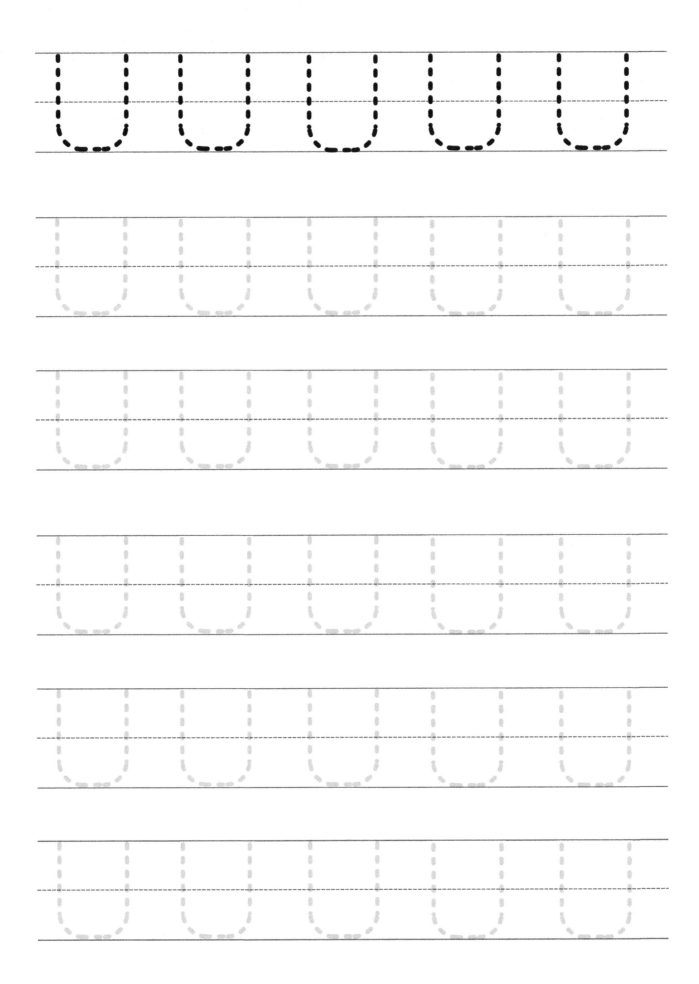

W

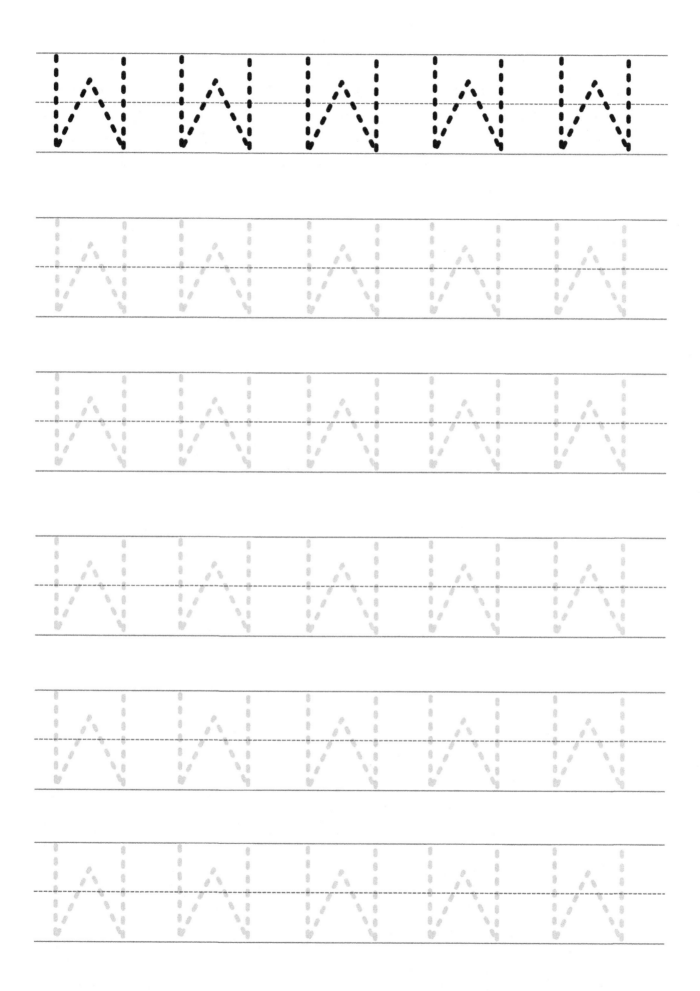

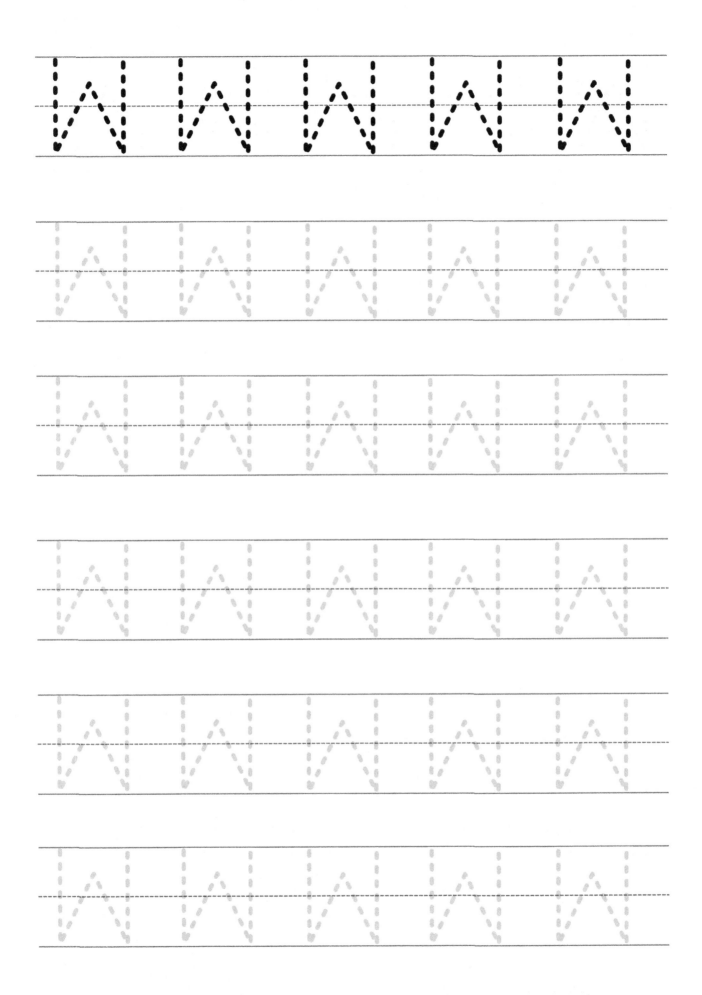

X

Y

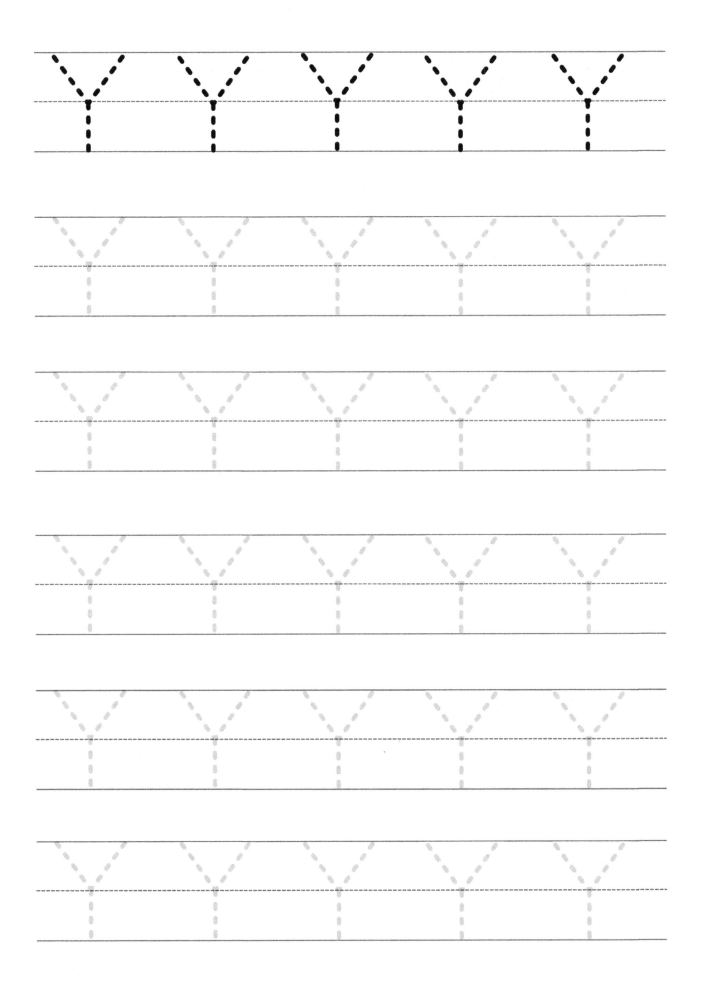

Z

Z Z Z Z Z

Made in the USA
Middletown, DE
22 May 2022

66091242R00057